*HELLMUT*
SEILER

Hellmut Seiler. *geb.* 1953 in Rupea/Rumänien, Studium der Germanistik und Anglistik. 1985-88 Berufs- und Publikationsverbot in Rumänien, seither in der Bundesrepublik. Mitglied im VS, in der GZL und im Internationalen P.E.N. Veröffentlichungen: *„die einsamkeit der stühle"*, Gedichte, Dacia Verlag 1982; *„siebenbürgische endzeitlose"*, Gedichte, dipa Verlag, Frankfurt a.M. 1994; *„Schlagwald. Grenzen, Gänge"*, 77 Gedichte u. Exkurse, Buch & medi@ Verlag, München 2001; *Glück hat viele Namen. Satiren"*, Esslinger Reihe 32 im Verlag Die Künstlergilde e. V., Esslingen 2004. Zahlreiche Beiträge (Glossen, Literaturkritik, Lyrik, Aphorismen, Satiren, Übersetzungen) in Anthologien, Jahrbüchern, Zeitungen und Literaturzeitschriften sowie (vor allem Gedichte) in englischer, französischer, griechischer, russischer, ungarischer und rumänischer Übersetzung. Stipendium des „Writers' and Translators' Centre of Rhodes" als "Poet in Residence", Mai- Juni 2000; Würth-Literatur-Preis 2000 der Tübinger Poetik-Dozentur; Irseer Pegasus 2003 (Hauptpreis).

Hellmut Seiler

An Verse geheftet

77 Gedichte und Intermezzi
samt einem Epilog

Ludwigsburg, 2007

CIP-Titelaufnahme der Deutschen Bibliothek:
HELLMUT SEILER: An Verse geheftet. 77 Gedichte und Intermezzi
samt einem Epilog

Ludwigsburg: Pop, 2007
ISBN: 978-3-937139-32-X

1. Auflage, 2007
© Copyright Pop, Ludwigsburg, 2007

Lektorat: Traian Pop
Druck: S.C Marineasa s.r.l., Timişoara, Rumänien
Umschlag: T. Pop
Abbildung Titelseite: Farbige Tusche-Zeichnung von PAPI, 2007,
Privatsammlung
Autorenfoto Umschlag: Éva Seiler

Verlag: Pop, Postfach 0190, 71601 Ludwigsburg
www.pop-verlag.com

Rache der Einrichtung

Rache der Einrichtung

Als abends ich heimkehrte, sah mich mein Spion
ganz schief an. Der Wecker rasselte, im Flur
der Ständer wackelte bedrohlich, Hüte fielen
ab und mein Erscheinen rief offenhörbar böse

Erinnerungen wach bei dem voll integrierten
Beantworter: er schleudert mir, kaum daß ich
mich ihm zuwende, unfeine Schimpftiraden
entgegen, als brüllte er mit seinem Trommelfell.

Wie aber fort? Wenn der Schlüssel vernehmlich
sich was in den Bart gurgelt und *mich* umdreht?
Als ich beschließe, den Sessel nicht auf mir sitzen
zu lassen, und das Sofa plötzlich nach mir schnappt,

bringt der Wandspiegel mich in seinem toten
Winkel zum Verschwinden.

Bauchstab

Ohne dich philogynologisch,
unnötig zu verklausulieren
vor aller Ohren hier,
sag an,
Halbweiser, Menon,
du epistemologische Neugier
auf zwei Gliedern:

was verstehst du unter
Unterbauchtanz, und was
unter Bauchstab oder
Bauchpinsel:
wem denn
schmeichelt ein solcher,
seinem Träger oder
eher der Tanzpartnerin
während eines Schiebers
bei schummrigem Licht
wenn beiden so leicht
schwummerig wird
um die Leistengegend
nach ungezählten
verposematuckelten
Flüssiginhalten?

(Oder lassen wir
die Frage der
Vorteilsnahme lieber
stehen oder fallen
und einigen uns
auf einen Vergleich:
ein Pinsel,
so er meisterhaft geführt,
schmeichelt dem Meister
wie auch der rauschenden,
berauschenden Quelle
seiner Inspiration mit dem
gerüttelten Ebenmaß
ihrer Glieder.
Gleichermaßen
Punkt)

8

Über den Dächern

Über den Dächern
                    von San Gimignano
gestanden wir uns
                    unsre Geschwisterliebe
über den Geschlechter
                    türmen schwebten
wir auf den sanften Flügeln
                    des Chianti

Die Dächer
          der Türme
                    schwanken
über meinem Geschlecht
unter dem deinen
                    wanken
                    die Türme
                    der Dächer

Im Turm flattert, Sorella, kurz
atmig auf
          und nieder:
unsere Liebe

Über den Dächern 2

Auf Liebreize in San Gimignano

Festlich gewandet, rund in den
Achseln, brüstet sich mehrfach
die frauliche Stadt.

Lupfst du einen Zipfel von ihr,
lugst darunter: was zuckt denn
beim Fischefangen im Turm?

Sehn ich dich her? Gibt es dich
wirklich? Erhellte uns hinter
hellhörigen Mauern dein Schrei?

Seh ich dich von oben ohne
schießen meine Pheromone
sehnlichst ins gefleckte Kraut.

Und ich türme, den erregenden Duft
deines leicht erregbaren Fischleins
an vorwitzigen Antennen!

Die Geschlechtertürme, fragst du?
Winken zum Umfallen!

Disco in Krakau

Sie blickten sanft, doch keineswegs belämmert
(oder „geläutert", was ungefähr dasselbe wär')
und bildeten mit ihren dunklen Augen das denkbar
wogendste, Wogen auftürmende, wiegende Relief;
wir aber standen steif und
eindimensional wie Ministranten vor einer schwarzen
Mauer von Ornaten und Abwehr, bis, ja
bis ein Knall ertönte und der Fotograf das Blitzlicht

löste. Es fand eine Fleischbeschau statt und die Disco
hatte schon begonnen. Drinnen stemmten die *noch*
Jüngeren Sehnsüchte bis ihnen die Adern schwollen,
und wir staunten wie viel Rote-Bete-Suppe sie soffen und
wie viel Wodka und taten's ihnen nach. Doch dann
stand plötzlich vor mir Agnieta, „Agnes" rief sie mir zu,
ich dachte „agnus", doch lammfromm? Weit gefehlt!

Sie musterte mich, leicht belustigt, und mir, mir
flatterten die Weichen und tausend polnische Dichter
und ihre wahnsinnigen Texte fielen mir auf einmal ein
und doch kein einziger. Im Morgengrauen schleifte
ich mein rotes Hemd hinter mir durch den Staub,
spürte mit offnen Lidern dem Flimmern und Sirren
um mich herum nach und blitzartig durchfuhr mich

die Erfindung meiner künftigen Erinnerung.

Ein Herz, das krächzt

Im Krächzen der Schranktür vernimmst du
den verlangsamten Schlag einer Axt,

im Schreibtisch knarren Schiffsplanken,
über die Rattenpfoten trippeln.

Davor schwankt der Glockenstuhl,
an dem dein Klöppelherz hängt und

wieder und wieder den Sprung
ins Leere probt.

Graz

Im Sommer 2003

Gesichter stoßen durch Wände.
Ein Aufzug, diesmal mechanisch,
Kein Akt, Vorhang geschenkt.
Schatten fliehen die Türme, wahr

Sind die Zeichen gewandet, das
Auge weidet mit. Klöße, im
Rauhen Hals gewendet, die Wendel
Treppe packt das Grauen

Pünktlich zum Mocca, gerade noch.
Ohne die rauschenden Spiegel
Mit Meeresinnenblick wäre ich
Gar nicht da.

Graz im Sommer 2003

Mariahilf, von der Himmelsleiter
Schwebt ein Franziskanermönch,
Gerötet von der untergehenden
Sonne steigt er herab, fast ohne

Die Stufen zu berühren. Lange
Schatten fliehen die Leiter.
Mühsam mit dem verbogenen
Heiligenschein balancierend,

Nimmt, umwölkt, er Kurs
Auf die Parabolantenne, wippt
Noch kurz auf nackten Sohlen,
Bevor er sich, kaum schwankend,

Mit einem Schnackerln auflöst.

Inselfang

Bucht von Trogir, im September 2002

Blakende Lichter, solarzellengespeist,
in früher Dämmerung, unter Zirpen
der Festlandzikaden: der Inseln zwölf,

Schwesterlich beieinand, hinter, weit,
den Mühen des Tages: blinzeln siehst
du sie, oder eher: listig dir zwinkern?

Ein Geisterboot zieht am andern vorbei,
die Inseln aber schweben, mühelos,
in der sirrenden Luft. Etwas später

sammelt die sinkende Sonne
sie nach und nach auf.

Intimschmuck

Das Intimkabinett deiner hechelnden Neugier,
verschwiegener Bogengang deiner Lust,
die heimliche Arena, das Konfetti
deiner Einfälle – sie sind

längst genau vermessene Orte,
ausgespäht hängen sie im Geflecht
der Generalstabskarten.

Dahin sieht dein Tagebucheintrag
nach seiner satellitengestützten Übermittlung.

Bettgeflüster verliert sich
unter den rohen Sprüchen der Funker.

Vor dem Jüdischen Friedhof, Ihringen

Leise, das Bild, klar abgehoben: Schwärme
von Staren, ein Tanz wechselnder Wünsche,
heimlicher Keile, durch die dunstige Luft
geschraubt, hohes Tiefschwarz, plötzlich

verlöschend, ungezählte Graustufen, die
auf einen SCHRECKSCHUSS diesem
zur Beute werden. Darunter, am Rande,
fern und längst zu Tode erklärt:

Aufrechte Steine - kehren mir, den schon
fröstelt, den Rücken zu. Ach, wie leicht
ist Fremdes anzunehmen! Und in dieser
Stunde gelöschter Zeichen

drehen sich
die vor langem
umschwärmten Steine
auf einen Satz auf einmal - um!

Keinen Häller

In memoriam Thomas Schweicker(1540-1602),
armloser Kunstschreiber von Schwäbisch Hall

Keinen Häller mehr wert, sagen
Die Hochehrwürdigen Stadträte,
Sey meine Kunst! Ich trete sie

Mit Füßen! Stimmt, sage ich nun:
Drei Schreiber haben zusammen
Wir der Arme zwey! Und sind

Bei alledem des Schreibens und
Der Künste kundiger als mancher
Derer! Über meinige aber wird

Man künden, wenn längst der
Abdruck meiner Zehenfertigkeit
Erloschen! Nur Eines ist gewiß:

Den Ruhm konnt ich noch nie
Mit Händen greifen!

Leberschau 2

zu meiner Inauguration als offizieller Vogelschauer

In schnatternden Scharen laufen *sie*, und *ihnen*
der Speichel, zusammen, und triefen die Augen
vor Gier nach dem Neuesten, dem Unerhörten:

die Zukunft – fürwahr! – soll ich ihnen aus Darm
schlingen, aus Leberschäden nahe bringen! Eingeweide
sind etwas für Eingeweihte – und schwarze Schwärme,

vor Jupiters Tempel erschaut, zu Pöbels Gunsten
zu drehen und zu wenden, welch ein Frevel!
Tanti auguri! listenreich zwinkernden Senatoren
in faltenreichen Togen zuzurufen – der Lippen

Saum läuft jetzt noch purpurn mir an! Ich allein
lege fest, was oben, was vorn und was schräg
ist gerade, da mögen die Bienensummer und
Fliesenklapperer noch so ausdauernd mit

den Ärmeln schlackern! Vor den Toren bewußt
wird, daß ihre Schreie, kaum ausgestoßen, verhallen,
Triumphbögen, kaum errichtet, zu Staub zerfallen,
vor die glutrote Sonne davon kündet, daß ewig

Erklärtes untergeht: fliehen die gedeuteten Zeichen,
verschlungene und schwirrende, in die unerklärten
Winde über dem Palatin

Milch Wasser Luft

Der Regen streicht ums Haus, die Würze
frisch geschlagenen Holzes, atonaler
Präludien für Duftorgel aus Blautanne und
Milch.

Von weitem erkennst du das windschiefe Haus
an diesem Geruch, an den Farben der Fäden
des Regens, zwischen denen die Sonne

gleißt und penetrant der Reichtum
der glatten Stämme sich entfaltet: und Perlen
entstehen aus Wasser und: nichts als
Wasser.

Du aber, hingeworfen auf ein üppig
ausgestattetes Ich, katapultierst
die sperrige Pracht deiner Träume

ans Dach, das, lehmkonservativ, sie zurück
wirft. Wild, und zärtlich wie Palmkätzchen
streifen sie durchs Haus, in dem zufrieden

lauert und heimisch vor sich hin döst:
die Luft.

Psalmodie zwei drei

auf Till Uhlmann gemünzt

Wer, Wirt, ist mein Herr?
Mir wird mein Zagel, steht
zu hoffen, in die Mangel

genommen, eine heiße,
hautüberzogene Mischung.
Wer schickt meine Augen

auf die Weide, über Hügel,
Nippel und Tal? Erquicket
ein Quickie *beider* Seele?

Und ob ich mich, Herr,
GESUND gestoßen
im finstern Tal! Nur war

es das höllisch hellste
für mich seit wann! Aufrecht
fürchtete ich, Wirt,

den bloßen Stecken, der steckte,
mein röhrendes Rohr,
die unbeflaggte Fahnenstange,

meinen stockenden Stock,
den stabreibenden Stab,
daß er uns aufkündigt

den Dienst – bis früh
die Wasserhähne wieder
einläuten den Verrat.

Vor dem Niederrotweiler Altar

Für Karin S.
Im Oktober 2001

Der Todesschnitzer ist ein Meister
aus Breisach, nur widerwillig läßt
die Küsterin dich ein in sein Reich,
als wüßte sie, der Schlüssel dazu

liegt nicht in ihrer Hand. Der Wind
schlägt die Eichentür zu, würgt
einen eisigen Hauch von
gegorenem Trester ab.

Ach, wäre es H. L. nur um Schnörkel,
um Rankenschleier und um den kreuz
weisen Heiland gegangen! So hätt' er
seine Hände gehängt nach dem Wind!

So aber wollt' er in Dreigottes Namen
und noch in Teufels Därmen wissen,
was er sieht.

Salat

Was macht dich an? Salat? Sag
an, ist es Salat, sind es die Früchte

der Erde? Der Hülsen wuchernde
Feinheiten, angemacht mit eiskalt

gepreßtem Öl, bein-nah gewispert,
wie einem muskelstarken Unterleib

entronnen? (Aber tauperlen-
tropfenweise, weiser Tropf!)

Verbotene Erkenntnisse aus dem
Garten freiwilliger Blindheit:

Saugend lockt die vordergründige
Muschel den Stachel deiner Zunge.

Schmeichelweich folgt
zarter Frisée, eine einzige

Nackenkrause. Tiefer noch
der Nüsse innige Genüsse, ein

Erdkartenrelief, süß die Täler.
Die Hülsen der Worte füllt

der Liebreiz deines Salats:
Wie du ihn, so er dich.

San Gimignano

wieder im „Diabolo"

Zu den Auserwählten bist, Sorella,
du bestimmt, nur weißt, Ruchlose
du, es nicht. Deine Konturen:

Die einer Primadonna! Skulptural!
Pasta formte sie, walken gilt aber
erst, nachdem dein Gehörnter

die mehlige Bühne verläßt.
Wir hingegen einigen uns rasch
auf einen grünen Zweig, mit

Zitronengeschmack, ein außer
verhältnismäßiges Verhüterli.

San Gimignano due

Ganz früh ein Espresso

Corretto: ein Grauen läßt sich
leichter nicht verscheuchen -
dein *Profumo* prägt sich ein,

wieder aus, es atmet mit.
Hüllenlos will dich meine
Lieblingshülle wieder, ein

getrocknet liegt sie da, ein
schlapper Sack. In seinen
Träumen liegst du in ihm.

Schatten, Kissen
Ein geheimdienstliches Hausmannsgedicht

Von Schatten umgeben bin ich vorsichtig
geworden, versiert werfe ich meinen Körper
zurück, ins Rennen, während sie mich

umschwärmen; man könnte taumeln
vor Erinnerung, es sind aber keine scham
losen, flüchtigen Schatten,

nein, dauerhaft schwirren sie
den Körpern nach,
die sie ins Dasein riefen:

Verhörlampen, Richtschnüre,
Richtmikrophone, Funkgeräte etc.,
der geballte Charme der Überwachung.

Sobald sie mich, am Ende eines aufgeregten
Abends, wenn die Lichter verrückt spielen,
dann auf mein Lager werfen, betäube ich es

leichthändig, brachialgewaltfrei, & nur
um ihm sein Kurzzeitgedächtnis auszureden:
mein einziges Kopfkissen, dem ich weit,

und ganz nah, mehr anvertraue, als sonst
einem Schattenverursacher: deshalb
& aus keinem anderen, spekulativen

oder spektakulären, Grund:
ziehe ich ihm vorher
eins über

Schiffchen

Für Évi

Auf dem Tisch liegt ein Umschlag.
Im Umschlag ein kleinerer.
Darin liegt ein noch kleinerer,
und in diesem
der kleinste.

Im kleinsten Umschlag liegt,
kunstvoll gefaltet,
ein Schiffchen. Darin,
schlank der Bug und
schwungvoll das Heck,
ein weiteres, winziges.

In einer verborgenen Falte
des winzigen Schiffchens liegt
eine große, glänzende Perle.

Diese Perle
ist für dich.

Schnee im Wasserglas

Was es doch heißt: den Apfel
Schmelzen hören. Einen Schnee

Apfel aus so vielen Nächten.
Einen Ball, aus dem ein Stück

Weiße herausgebrochen wurde.
Was es doch heißt: einzuhalten

Vor einem arglos hingeworfenen
Apfel aus Schnee, von dem ein

Stück jenes vollen Lachens fehlt

Selbstbefriedigung, heimlich beobachtet

Ach, wie gern ich dich sehe:
so selbstvergessen

in der Wanne, beim Baden,
mit gespreizten Beinen,
keck und keusch zugleich,
verschämt und verrucht,
inmitten Schwaden, die sich
langsam verflüchtigen,
als durchteilten sie
die Naben eines Rades,

wenn du leidenschaftlich
in einem Buch liest.

Sonntagmorgen, eingerichtet

Aus genommenem Anlaß fliegen Vorbehalte
ohne Hintergedanken über ihre Schatten,
liegen bleiben – kurz vor Zukreuzgang –
die frischen Vorsätze. Sieh zu,
sagt eine – innere? – Stimme undeutlich,
daß du das knappe Pensum deines Corpus
delicti deliciosae nicht verscherzt,

indem zu ernst du es wiegst in der Hand.
Die brennenden Zeichen unter der Haut aber
vertreiben den Anlaß für eine umwölkte Stirn:
meine Bienenstichflamme zuckt, der Seiten-
blickfang wirkt! Wer sonst erwischte mein
Wespennesthäkchen mit der Taille auf –
falschem Hasenfuß! Letzte Bedenken sauen

über die Kante, meinen Lieblingsweideplatz
habe schlingernd ich vor Augen.
Nehme ein Schulterblatt mir vor den Mund,
davongetragen von den Wellen.
Wackelig, doch stehenden Dreibeins
verhaspelt sich laufend der stumme Diener.

Sprechgesang III

Hast du schon oft ganz hart auf Kante
Des Tisches dich geschoben in ein Bild
Sind dir die Messer Stecher eingefallen
Die eine Miene machten zu dem Spiel

Gezogen hast du manches Glied auch ohne
Scheide vermeint du kämest gut nach Haus
Doch deine krumme Eichel ist der Köder
Und jedes Weiche macht ihr den Garaus

Stehst du am Scheide Weg und speichelst
Laß ja die Spiegel jetzt nicht außer acht –
Wir werfen weiter als wir sehen können
Und gehen unter Hunden vor den Bach

Ständer, geträumt

Während einer Erektion träume ich
von einer solchen, die, mich weiter,
stärker erigierend, meine Traum
vorstellung gieriger beflügelt,

dergleichen, daß ich, träumend,
ablasse von meinem Ständerdünkel,
mich hinüberwälze in all
meiner Frevelhaftigkeit und

fest nicht nur stelle, nein, fest
davon überzeuge, daß Traum
und Wirklichkeit manchmal,
und sei es ausnahmsweise:

eins sind.

Wolken, Stare

Breisach, im Oktober 2001

Saatkrähen gleich stehen sie feierlich
vor dem Hochaltar: bleich, aber noch
nicht gefaßt, mit Bittermienen, Fern
gläser abwechselnd in der Rechten

und gleich wieder, ohne nun groß Reue
zu zeigen, aber mit gehörigem Abstand:
sattsam Bekannte, leidlich fremd.
Keiner spricht, *und das ist gut so*, oder?

Fliegen die Zöpfele? Bewahre! *Heißt's
heute lustig sein?* Da sei der davor, den
dieser Altar seither zeigt! *Didel, dudel,
dadel!* Sieh da, sieh, du: ein Star unter

den Staren! Löst sich ohne zu zögern
in einer Wolke überm Kaiserstuhl auf.

Täler

Auf schlingerndem Boot kommst du
    zwischen glucksenden Schilfinseln
in ein Tal, von Rauch durchzogen;
    du verspürst Hunger, Rauch ist die
persönliche Rettung, wenn
    auch für alle gemeint; Rauch beißt
jeden, der ihm zu nah tritt.
    Du aber betrittst das Ufer allein,
stellst fest, jeder kennt jeden
    und sie verlassen einander, wie

auf Geheiß: Boote verheißen Rettung,
    nur unterwegs ist alles erträglich:
Türkisblaue Wege bringen Bewegung
    in die Parabeln der Sonnenflut und
die knorrigen Sagen grüner Kirchen. Aber
    das Tal, das du als wunde Rundung
erkennst, als vollendeten Erfüllungsort deines
    Hungers, ist bei weitem nicht das
einzige rundum; und es leert sich.

INTERMEZZO I

Immigration ab anno 1141

Ze īrscht kamen die Hundertbüchelner,
auf hanebüchenem Fuß folgten ihnen
      die Hahnbacher,
      den Meschenern
      die Hamlescher,
      den Talmeschern
      die Talmesch-Balmescher;
      dann
die Mergelner Malmkroger,
die Frecker Seidener,
die Tölzer Streitforter,
gallig die Galtej,
eisern die Steiner,
rollend die Radelner,
rappelig die Rapeser,
hommelnd die Homoroder,
buckelnd die Katzendorfer,
gerade die Kerzer,
kokelnd die Bekokktener,
unterdrückt die Kreischer,
unter Anfällen die Tobsdorfer,
ēpesch die Eppeschdorfer,
      sodann
nach den Kalmücken
die Kukurutzen, gefolgt
von den Papanaschen,
mit den Katschalmaken
die Balbadacken,
nach den Borfaschen

die Balegaren.
Und die Balamucken
nach den Petschenegen.
Dann aber die Akumanen
und die Mintjenaschen,
die Peschkeschen
und die Bagalaschen
sowie die Teremtetten
      und die Bosmeken;
ze gāder Lēzt treiben
die nokrichen Kyrieleier
die Ganausen
und die Ganōvend
heim ins Wurmloch,
in dem es ein Leblang
unterm Mantel zuckt.

Grenzengenuss

Afrika 2. Das ist nicht Afrika

Im Lindenmuseum, Stuttgart, Mai 2000

Wo nur kommen die heulenden Horden
her? Wo die schlitzäugigen Schlitzohren?
Sind die gezähmt? Blicken sie auf mehr
als ihre Stammesgeschichte zurück,

blicken sie überhaupt durch? Wo genau
durch? Unterscheiden sich ihre Fetische
von ihren Festtischen, ihre Tabus von den
Tattoos? Und das seit wann, bitte sehr?

Schreibt das denen ihr Stammesglaube vor,
gehen sie freiwillig? Wie weit, im Kreis?
Erstarren sie immer von neuem im Ritual?
Tun sie nur stolz oder warten sie auf was?

Also, 'tschuldigung, wenn Sie mich fragen:
Das ist nicht Afrika, das ist

Am See von Lugano

Das eingespielte Kräuseln der See
Oberfläche, ein abgekartetes Ansichts
Idyll: so winkt Helvetia den Außen
Seitern zu, den Abseitigen Wagen

Kolonnenvervielfältigern, Meistern im
Grinsen aus Blech. Wir aber, die Echten
Eiderprobten Brüder haben ein Nach
Sehen mit euch! Schiebt mal rüber, her

Mit eurer weichen Aureole! Droben
Auf der Alm steht unser klitzekleines
Kartäuschen – *Certosa* heißt's in dem
Sonnigen Kanton – das Vorzimmer zur

Bunkerverstärkten Tresorlandschaft
Gleich dahinter. Fähnchen wedeln,
Chalets entpuppen sich als Horte des
Eigensinns, der sich wie von ungefähr

Als Gemeinsinn tarnt. Während er
Die Geheimnummer eingibt, entfernt
Der Parkwächter mit spitzen Fingern
Ein Stäubchen von seiner betressten

Joppe und bleibt dabei
Gletschercool.

Der Erde Rede

Es war der Sommer als die Mädchen
Noch papierleichte seligsäumige Röcke
Hinter sich schaukeln ließen & wir

Einen anhaltenden Drehschwindel davon
Trugen & die Konzerte der Philharmonie
Trieben uns den auch nicht aus nur Fritz

Hockte da, verklärte Veilchen im Gesicht
& ließ die Fackelohren hängen. Aber *Honky
Tonk Women* spielte keiner wie der Klaus

Sauer & die *Flamingos*! Chopin plätscherte
Wir gingen in die Tanzstunde mit der
Verwachsenen Frau Hamrodi & sie brachte

Uns den *Shake* bei und den Twist. Auf den
Fotos waren nur die Beine zu sehen, wir rieten
Wie im Rausch welche wem gehörten.

Es war der Sommer als ich Jean-Pierre Rampal
Im Zeidner Waldbad ins Wasser stieß & seine
Flöte wurde naß, unsere einzelnen fein durch

Äderten zuckten in den ausgebleichten wachs
Farbenen Badehosen & wir warfen uns diese
An den Kopf & lachten Fritz mit den traurigen

Ohren in Grund & Waldboden bis er plötzlich
Auf einer Palme saß die da gar nicht wuchs.
Die Mädchen mit den wippenden Säumen aber

Waren alle noch Jungfrauen & wir streiften
Unsere kurzatmigen Vorsätze ab, bliesen sie
Auf & warfen sie den Feinden vor die Füße.

Der Erde Rede III

Anwaltsvorzimmerdamen platzen erst
Die Rüschenkragen, dann ihre Spitzen
Markenwäschestücke. Eurotikern
Springen die Knöpfe von den weißen
Westen. Notare grüßen einen alten
Hut. Die Banker verspüren den
Unwiderstehlichen Drang nach
Osten

Berater kramen im Fach, fingern am
Steuer oder kraulen sich in den
Verfilzten Bärten ihrer Erb
Anlagen. Profi-Smileys fallen auf
Den neuesten kieferorthopädischen
Dreh herein. Den Sprechern geht ein
Licht aus

Die Chefetagen kleben zusammen.
Induzierte Minderverdienkomplexe
Bestimmen das Bettgeflüster. Unter
Den Runden Tischen blasen sanfte
Ventilatoren frische Aromen auf
Die Vorhäute der Vorstände

Auf ein Zeichen aber, eines nur:
Schmieren sie ab
Versinken sie alle
In den maklerlosen Boden

Grenzausfall

(zwischen Bayerisch Eisenstein und Železná Ruda)

Hartgesotten, die Weichen
steller. Noch führen
rissige Schienenstränge
in rostige Schuppen,
doch nie mehr heraus.

Ĵiri, Jan, Ivan, wie ihr alle
geheißen haben mögt: jeder
von euch hat Landesflucht
begangen wie einen Selbst
mord: unter Flüchen.

Mit welchem Maß nur
kommst, Sagender, du,
dem Unsäglichen bei:
aufgeschlitzten Büchern
mit *Trochäus vulgaris,*

erpressten Liebesbezeugungen
mit *Jambus interruptus,* und
pochenden Schlagadern mit
einem *Daktylus diaboli?*
Zwischen aufgesprungenen

Lippen schwellen Pilze.
Im Wogen und Wispern
der Fichten und Birken
sind keine Idiome
auszumachen: kein

zischendes Česky
jenseits, kein noch so
erdiges Bayerisch
diesseits. Misch-
wald, zackig eben.

Ein spröder Bahnhof steht
in zwei Ländern. Wind
stöße bringen die Gleise
zum Tanzen. Die Grenze
aus Glas verläuft

Grenzengenuß

Ein Genuß sei die Grenze, behaupten Extrem
Sportler. Wenn die Regenbogenhaut gespannt sei,
in 8000 Metern Höhe, daß sie fast platze.

Aber ich, wenn unser eins denkt an die Grenze,
hat er die Betontische vor Augen, und die
Erniedrigung vor denen. In Kniehöhe.

Und die gestohlenen Silberlöffel. Und
die bestochenen Schaffner, die rechts
lastigen Beschämnisse. Und den Ruck

ohne Kraft, die Losigkeit allenthalben.
Den fehlenden Verkehr, und seine Unter
höhung in excelsis securitas. Kein

Jauchzen, auch in der Kniekehle nicht,
dort ein Geknicktsein, ein Knirschen
in Kniehöhe. Aber – kein Aber! Ein Hirn

An-die-Wand Spritzen, auch ohne Verhör.
Nur – daß die Grenze sei ein Genuß –
welch verquere Abwegigkeit!

Ich weiß nicht, was soll

Ich weiß nicht, was das alles soll:
Das Geflimmer vom „elften September"
Das will mir nicht aus dem Sinn.

Die statements sind cool, es wird finster,
Beschränkte Bekenntnisse funkeln
Aus wenig berufenem Mund.

Der schönste Versprecher sitzet
Auf uns ganz wunderbar;
Wir lassen ihn auf uns sitzen.

Sie kämpfen mit ganz neuen Bomben
Und singen ein Lied dabei; das hat
Eine gewaltige Melodei.

Den kleinen Scheißer und Schiffer
Ergreift es vergeblich mit Weh:
Er ist doch nicht gefragt.

Ich glaube, die Wellen, die uneingeschränkten,
Verschlingen am Ende jeden,
Der nichts dafür kann.

Und das haben mit ihren vermeintlichen Achsen
Die Maulaufreißer getan.

Konfession: Aber gerne!

Seiner Eminenz Herrn Kardinal Ratzinger gewidmet

Sie gehen um, als Trugbild nimmst
Du sie wahr (nimmst du sie wahr, *sind*
Sie wahr): die bellenden Lügen,
Losgelassen zwischen zehn und elf,
Schiefe Klangbilder aus dem Detektor,
Rauschende Feste: Sie umgeben uns
Wie das Ticken unserer inneren Uhr.

Dazu knacken rhythmisch Gelenke,
Dehnen sich Sehnen. Bist du abgefallen?
Ein penetrantes Klick-Klack hackt
Dich kurz, Gänge, Auftritte werden
Maulwurfsgleich, maulheldenhaft,
immer geheimnisvoller, unirdisch.
Und dein Schutzengel hockt da.

Halte dich fest an seinen windigen
Versprechungen, richte dich auf an
Seinem eiernden Lauf! Ein Klicken
Zeigt an, daß er längst abgelaufen.
Ein mümmelnder Engel aber nützt
Morgenamtage garnixmehr! Eher
Macht unsere liebe Jungfrau, nackt,

Voll quellender Spielleidenschaft,
Und nur mit diesem Makel behaftet,
Das Rennen: sie hat den Alten Herrn
am Schlafittchen gepackt und
Würfelt mit ihm um ihr Häutchen.

Lob der Dummheit zum Zweiten

Zwiebelfest, Esslingen 2002

Mit viel Schmalz entwickeln
offen stehende Maul-Taschen
beißende Schwaden.

Hinter dem Lettner werden 2 der
Sängerinnen für andachtsvollen
Auftritt fest gezwiebelt. Skt. Bene

Diktus, ganz in Kalk, aber be-
redt, steht hals über kopf,
während die Schar seiner Anhänger

Purzelschläge bäumt und ein ver
wunderter Gernegroß Bluffalo
sich ins Knie Wounded.

Nach wie vor

Vor dem letzten Stromausfall,
vor dem Ausfall
der letzten Haare und Zähne,
der Schul- und Überstunden,
knapp bevor die Flüge und Züge
in den letzten Zügen liegen
und zahnhaarscharf vor
den endgültigen Ausfallserscheinungen
des kollektiven Gedächtnisses,
den allerletzten Ölungen, Lähmungen
und Datenverlusten

fällt der helle Strahl der Morgensonne
noch in den düstersten Hinterhof,
steigt die schmackhafteste Sinfonie
der Düfte
noch aus der übelsten Brühe,
regt sich allerorts die Liebe
und regt sich
allerorts Widerstand und
beglücken die frischesten Einfälle
ihre Träger –

wie am ersten Tag!

Prager Winter

Im Dezember 2003

Herr Horal, ehemaliger Jagdflieger
in britischen Diensten, kaut, während
er spricht, an seinem Obstsalat, gern
ißt er, als wüßt' er, Ananasstückchen,
ganz frisch, sie könnten seine letzten
sein, während er sich mit seltsam
gelben Augen umsieht, ob auch alles

läuft, wunschgemäß, in seiner
kleinen Welt, auf der Kleinen Seite
in Prag, in das er zurückgekehrt ist
nach all den Jahren der Verbannung;
sitzt, ohne zu lächeln, in hohem Stuhl,
an die Lehne geschmiegt, ein Jäger a.. D.,
ein Raubtier, Hoffmann mit Namen,

unter neuem, rettendem Namen nun
Namensgeber einer winzigen Hotelkette,
darunter dieses Haus, in dem ich seinen
Händedruck lange spüre und seinen
Augen kaum folgen kann, und er sagt,
betont beiläufig: „Das 20. Jahrhundert
war geprägt von zwei Psychopathen –

und ich weiß mit 84 immer noch nicht,
welcher von ihnen der schlimmere
war.“ Gut gewandet schmiegt er sich
an die Lehne des hohen Stuhles, kein
Freund von Meinungen, umso mehr

von Überzeugungen, fragt nach
dem Stellenwert der Intellektuellen

in der EU-Wertegemeinschaft,
ich sehe ihm an, die Antwort kennt er
schon, holt sein Mobiltelefon, da es
ein Bachpräludium persifliert, aus der
Brusttasche, sagt ein paar Sätze auf
Tschechisch, und, wieder zu mir:
„Entschuldigen Sie, das war

der Verteidigungsminister." –
Währenddessen räumen Kellnerinnen
ab, und Schatten kommen aus der Tiefe
des Raumes auf uns zu, und ich denke
mir, so verflucht kann das 20. Jahrhundert
ja doch nicht gewesen sein, wenn solche
Männer es auf diese Art überlebt haben.

Rudimenta mistica

Im September 2001

Motto: *Edel sei der Mensch, hilfreich
und Amerikaner.*

Der offensive Verteidigungsfall
ist gegeben denn
nichts wird sein
wie vorher also
alles wie immer
und wir sind alle
ein Mürbegebäck
mit Kakaoglasur
deshalb machen wir
auch keine Angaben
ohne Gewehr
bei Fuß
und gehen erschreckend
furchtlos
in die Verteidigungsoffensive

Schlappschwanz, ministeriell

*Gemünzt auf Ex-Minister Tărtărescu und seine bildhübsche
Gattin, die 1937 C. Brancuşi's Endlose Säule in Tg-Jiu
einweihte*

Wenn doch das Volk nur das Maul
so voll nicht nähme! Endlich ist sie
errichtet, die Endlose, und kein Ende
nimmt die Häme! Aufrecht ist nicht

dein Ding, aber deine *draga mea* giert
blühenden Mundes nach Vertikalität!
Verzehrt sich buchstäblich nach Säule
und Kapitell! Nun hat diese da

zwar keins, ist auch hohl tief drinnen,
wenn jemand kräftig klopft. Aber
sie ist ja dein Pfahl nicht, und
die andern winken damit unablässig!

So gehst du blechern klanglos unter.
Nahtlos geschweißt reckt sie sich
in den welken Himmel, dir zum Spott.
Die vollen Lippen der Vielbeschworenen,

te implor, draga mea! bleiben leer.

Sprechgesang V

Gebt ihn nur nicht auf! Gebt ihm
ein sprödes Herz, eine klare Lunge,
Drüsen aus Glas, splitternde Zähne,

ein Sekurit-gestärktes Rückgrat,
das im Falle eines Bruchs in sich
zusammenfällt und sonst keinen

verletzt. Ein mundgeblasenes
Geschlecht, klirrende Adern.
Einige durchsichtige Gedanken.

Stellt ihn bloß, hängt ihn rein
in die gläsernen Aufenthaltsräume,
den zerbrechlichen Menschen:

Vielleicht springt er ja!

Unbekannte Helden

Im Gasthof „Zum unbekannten Helden"
kocht's hoch her heute; dicht aufgestellt
mümmeln am Tresen die Rauhbeine,
manche schwingen das Holzbein oder
lachen der Wirtin ein schönes Auge.
Zum Halsabschneiden dick wabern Schwaden,
mit Todesverachtung stürzen Zoten ins Gewusel,
das Dünnbier schäumt über und um.
Unter Gegröle platzen der Wirtin
die Mohnblumen auf ihrer Bluse auf.

Unter dem Fenster schleicht, zur Unkenntlichkeit
geduckt und verkrümmt, unbemerkt
zwischen den vielen Nebelstreifen
der Morgendämmerung Cäsar,
eine zerschlissene Toga hinter sich
schleifend. In einigem Abstand
folgt schattengleich Napoleon,
mit eingefallenen Schultern,
einen geknickten Zweispitz unterm Arm.

Vereinnahmt

Auf Friedrich Nietzsche, im Januar 2005

Die Krähen krächzen
Und schwirren irren Flugs zur Stadt:
Bald wird sie ächzen. –
Wohl dem, der – keine Heimat hat!

Nun starrst du Baum,
Rückwärts gewandt im Zorn dein Blick,
Du begreifst es kaum:
Vergangenes bringt er dir nicht zurück.

Was nicht geschieht,
Es hört nicht auf, nicht zu geschehen!
Wer sich verliert,
Wird unter Fahnen unterwehen.

Nicht wie du dich rettest,
Zeichnet dich aus, Wanderer!
Wie du dich bettest,
So liegt dann ein anderer.

Wie rasch gerann
zu vager Erinnerung das Spiel!
Jedoch was nie begann,
Erreicht alsbald sein Ziel.

Die Krähen hacken
Ganz kleine Augen in die Stadt:
– Laß uns jetzt packen,
Weh dem, der eine Heimat hat!

Vielvölkerempathie

Ich bin kein

Anti-Ägypter
Anti-Albaner
Anti-Aleute
Anti-Algerier
Anti-Anatolier
Anti-Andalusier
Anti-Antillaner
Anti-Äolier
Anti-Apennine
Anti-Apulier
Anti-Araber
Anti-Ardenne
Anti-Argentinier
Anti-Armenier
Anti-Assyrier,

auch kein

Anti-Abessinier
Anti-Afrikaner
Anti-Apulier
Anti-Amerikaner
Anti-Asturier
Anti-Asiate
Anti-Äthiopier
Anti-Australasiate
Anti-Australier.

Und bin damit

erst am Anfang.

INTERMEZZO II

Die Mutter aller Fights
In zwölf Runden

Premiere absolut in der Geschichte des Schwergewichts
Boxens: gegenüber stehen sich: Mike „Fist" Fitzgerald aus
Michigan und Boris „Bear" Baluev, die Kampfmaschine
aus Petersburg. Beide schwingen gut und gerne zwei

hundert Pfund auf die Waage, Dutzende Kämpfe über
die Runden und blicken auf lauter K.O.-Siege zurück,
Fallobst ist keiner – es müßte mit Don King zugehen,
würde der Kampf nicht zum Fight des Jahrhunderts.

Erst umtänzeln sie einander noch, wie sie auch,
die Spannung zu steigern, eine dicke Lippe riskierten
im Wörterduell nach dem Wiegen (vor dem
        Händeschütteln),
    nun aber gibt Jackson, der Kampfrichter, genannt „der
        Blinde"

das Zeichen – „Box!" und schon fotzt „Fist" dem Boris
eine Gerade, der wiederum, nicht faul, wummert
        auf dem
seine Augenbraue links, baldowert immer tiefer
Fist's Höhle aus. Der baggert zurück, von tief unten

heftig in „Bear's" Rippen boomt er hinein, buzzt,
        buseriert
ihm die Weichteile, während der seine Fäuste
        hochnimmt
und fröhlich fusselt und frotzelt, als wär's ihm egal,

bumpt
Mike aus Michigan, er blustert und blizzt wie am aller
ersten Tag, morgens um sechs, wenn alle Ampeln
    auf einmal
plötzlich auf Rot springen und die Abgase wie
    dicke lederne
Handschuh' sich dir ums Geriech legen, nun aber – potz!
Blitz! – knautscht dieses Getüm, dieser wirsche Mensch

aus dem Osten, kartätscht ihm gegen die Vorderfront,
    puncht
und knockt und trommelt ihm so was von derartig gegen
die Fassade, daß, plitschnaß, notläufig, er seine Vorder
fänge hochreißt und Selbstschutz vorschützt, die Haxen

immer ganz vorn als Regenschirm, gegen den es nun
prasselt, und hustlet, und bustlet. Wütend macht ihn
die Wut des Anderen, oder ist's die auf Russen? Jetzt
kocht's in ihm hoch, jetzt gibt's den krassesten Konter

diesem Widerling aus Weißrußland oder wo das
    sein mag
mit den Weißen Nächten. Ein Aufwärtshaken
    aus dem Nichts,
dem auf den Feuermelder, wuchtig bustet er Baluev voll
die burstende Ladung mitten aufs Zifferblatt, bis der
nich mal mehr checkt, wie spät es is. Hey, you!
    Deine Rechte
kommt noch früh genug zu spät! Hey, Baluev, Bearly,
    ich fighte,
umsonst ruft dir dein abgewreckter East-Berliner Trainer
    zu:
„Subtrahier dir! Hörst du?" Und breckt der Blinde:

„Break !"

Ein Puter kennt keinen solchen Koller wie ich, rot
  seh ich,
Mann! Schon lang nicht poliert, was, dein Frontanstrich?
Komm, zeig's mir, „brain over body", wie tuckern
  bei euch
die Trecker, tuck, hier tuck, rechts tuck, da langt's doch,
  oder

gehst du auf Tauchstation wie eure *Kursk* oder Murks
oder wie? Wie er sich beatet, so liegt breiig er in seinem
  blood,
sweat & tears. Beide bücken nur noch ihre vertauschten
  Brumm
schädel, und bockbuckeln, und basedowen, und
  büchsen. Aus!

End Round 12, der Boxring blickt blind in den Saal, wie er
sich nach und nach leert.

Oppenheimers Ratten

Eulen

Eulen schwingen
keine Keulen;
wenn sie schwingen,
dann sich selbst
in die Luft.

Nimm ihnen die Luft
unter den Schwingen
und gib ihnen
einen Verschluß- im Anlaut:
und sie schmieren ab
und werden zu Beulen,
die Eulen.

Dann hocken
stumpf sie
auf Säulen
ohne Wolf oder Wölfin
und heulen.

Lachtränenlaub

Ludwigsburger Weinlaube, im August 2002

Die Krallen im piekfeinen Nagelbett
Vorerst eingezogen, flattern sie herbei

Die geraden Vögel, wohlriechend, um
Stinknormalität bemüht. Nippend am

Évian, als wär's was ganz Besonders
Nüchtern zu bleiben unter so viel

Ellenlanger Weile. Kniekehlen jubeln
Kosmetologisch, der Zimmerdame fällt

Eine Beuge ein, kein Grund zu Panik,
aber zum knalligen Griff an die Hüfte

An der es unaufhörlich schrillt. Tief
Im Vordergrund, an der Oberfläche

Läßt Frau Vorstandsmitglied die Falte
Ihres Lieblingsbodys verschwinden, wie

Schräg! Hinterm Festrednerzelt schäkert
Industrie mit dem Koch. Gestylt gerinnen

die Rinnsale Schweißes zu Perlen. Welch
Pralles Auffallen, von langer Hand nach

Bereitet! Und zappeln im Nabel die Blicke
Ist Intimität erreicht, wendig ausgepolstert.

Aber nimm nur den schwungvoll gepiercten
Busen aus der Apotheke und einen Stoß

Aus'm Stielglas: und du *siehst* das Glucksen
Förmlich, Münzen für Schlückchen: zierlich

Netzen sie die Gurgel, diese scheinglück
Sehnigen Furchen und spieligen Stränge.

Ein Studio läßt besonders ungern billig grüßen
Verleugnung inklusive! Während rundum

Lachtränen ins Laub finden, bröckelt von
wolkenbleichen Gesichtern der Putz

Lokkolorit

Im Stuttgarter Hbf, im April 2003

Aber wenn das Mondlicht oder wenn
ein erstes Strahlen aus der Erinnerung

auf das lichtspeiende Einhorn, dieses
Kainszeichen gehetzter Friedfertigkeit

fällt: wie die Reflexe sich mischen!
Blitze zischen zwischen Hochkabel

und glänzendem Dach, aus der Tiefe
trieft Dampf. Im Zwischenreich: Leute

zum Abwinken. Ein gezielt gerichteter
Strom, ohne Umkehr. Dazwischen

todschick ein Pulk, gestylt und steil
die Laufbahn: jeder einzelne schön

überredet aus seinen Unterredungen
hervor- und untergegangen.

Mucksmäuschen

Eine tierische Fabel

die maus in der katz,
ein öhrchen lugt noch
aus käterchens maul:

panzoologistisch
ein einziges fest
der vereinigung!

noch der fetteste kater
mit aufgestellten ohren
ist von kopf bis after

auf liebe eingestellt:
hat er sie doch alle
zum fressen gern

Mutation I

(Dorftiere)

Mittagsglocke, tönende Verspätung!
Was sind schon eine, zwei Minuten?
 (Alle 200 Erdenjahre sucht uns Komet
Hale-Bopps Schweif auf, jede winzige

kosmische Sekunde!) Komisch nur
vor dem Hintergrund eines Latten
zauns die plumpen Sprünge über
fütterter Kater, Kastraten, aber

listig, kauern sie vor dem Wink,
dem Spatz, dieses alten Pfahls,
der sie flatternd plumpsen läßt
in ihre Näpfchen, während die

Glocken mittäglich verdösen und
Pupi, die Pudelin der Metzgers
gattin, auch Poopie geschrieen,
sich mühsam, aber verschämt,

den Wohltaten der Waschstraße
entwindet.

Omar Sharifs Tode

Letzte Woche habe ich Omar Sharif
sterben sehen, hochbetagt.
Gestern erst starb er erneut,
„in den besten Jahren".

Je mehr Zeit vergeht,
desto jünger
stirbt Omar Sharif.

Um so weniger
hatte er vom Leben.

In einigen Wochen,
steht zu befürchten,
stirbt er noch

bei seiner Geburt
oder gar als Embryo.
Woran soll ich ihn
dann nur erkennen?

Oppenheimers Ratten

In der Festung auf dem Hohenasperg

Das Brodeln im Innern spürst auf
dem *Tränenberg* du, an eines Kraters Rand.
Rittattatuh! Kraa!

Rasende Rattenpfoten, von Krähen beschrieen,
nach so viel Mittendrin nun in die Leere
genommen, im Verließ

verlassen von den Kräften, die bislang du
für die eignen hieltest.
Kann es ein eigen,

eigen Leben geben
in dem fremden?

In jedem Fall: es reichte.
Meterweise laufen Lügen
in der *modrigen Luft* der Archive hinter den Mauern.

Davor die zackigen Bewegungen der Kranken
wärter auf den laubumkränzten Wegen,
verfolgt von den Augen des Weinbergs.

Auf Wasser gesetzt, durch viele Stunden
kreuzweis geschlossen. So, Jud Süß,
verließet Ihr und die anderen, zu Tode

Geschwiegenen, Versuchsratten gleich,
den Rand des Wahns

Schwäbische Limericks und ein fränkischer

In Freudenstadt, piepste die Maus,
Geriet ich in ein Freudenhaus;
Das frequentierte ein Wirt aus Kniebis,
den ich immer ins Knie biß.
Doch der machte sich nichts draus.

Ein feiner Reutlinger, der nie log
Bis sich der Fachwerkbalken bog,
Schwor auf alles, was ihm heilig,
Denn er hatte es verdammt eilig,
Nach seiner Rückkehr aus Bangkok.

Ein junger Amtsanwärter aus Aalen
Mit fatalem Hang zu den Liberalen,
Wechselte über Nacht das Lager munter
Und ging mit wehenden Fahnen unter –
Als vor ihm stand die Qual der Wahlen.

Im musealen Rottenburg ob der Tauber
Liegt über der Dekoration ein fauler Zauber,
Dem da erliegen die vielen Japonesen,
Die sich dicht an dicht drängen am Tresen.
Die sind doch, sagt Reiner, nicht ganz sauber.

Ein blasser Buchhalter aus Haigerloch,
Der nach Verwesung aus dem Mund roch,
Gestand seiner Liebsten in schwacher Stunde:
„Deine Reize sind in jedermanns Munde."
Im Mai fand man die Knochen nur noch.

71

Urbane Mäuse

Unter zarten Akzenten der Ausriß der Wurzel,
im eigenen Sud, der beinah mitfühlende Blick
der Helferin oberhalb ihrer Gesichtsmaske,
ein Ziehen der Wildenten vor dem Fenster.

Tiefe Akkorde wühlen sich aus der Richtung
der Schmuddelkinos in Bahnhofsnähe
unter die Wartenden. Es klingt, als würgte jemand,
als nagten Mäuse an den Wurzeln der Stadt.

Wenn, unter zarten Akzenten, das Ziehen
des Schmerzes wieder einsetzt, trifft
den Wartenden ein spiegelnder Blick der Kamera,
die seinen Bewegungen präzise folgt.

Die Luft vibriert, tiefer wühlende Akkorde
reißen den Bahnhof auf, Helfer machen mobil.
Oberhalb ihrer Gesichtsmasken, ganz klein,
spiegelt sich das Ziehen der Wildenten.

Verspielte Pferde
in der Olgastraße, Stuttgart, mittags

Auf einer Bank breiten zwei Männer
mit grauen Bärten, in langen Mänteln,
bei flimmernder Hitze,
gedämpften Triumph im Blick,
voreinander die Schätze des Tages
aus der Tüte aus.

An der Ecke lehnen drei Frauen
in Netzstrümpfen und
Mehr-Mini-als-Rock
an der Wand einer Nachtbar,
an dessen Fenster Fotos sie
barbusig zeigen.

Beim Anstecken ihrer Zigaretten
stecken sie, verspielte Pferde,
die Köpfe zusammen und werfen sie
wieder zurück, daß die langen Haare
fliegen. Aus ihrer Mitte

erhebt sich ein Glucksen. Ein glatter
Bankangestellter kann sich
in seiner Mittagspause
auf den scheelen Seitenblickfang
keinen Reim machen und drückt sich,
als wankte er mit herabgelassnen Hosen,

auf die andere Seite.

Vogelbilder. Für Évi

Eins

Am Neckar

Lautlos, als eiferten sie
ihren Spiegelbildern nach,
gleiten – oder tänzeln? –
zwei schwarze Schwäne
dahin.

Kein Sterbenslaut
verrät, was sie im Flügel,
was in der Kehle sie führen.
Dunkle atmende Körper
auf bleierner Fläche.

Die Ellipsen und Ranken,
Kreise und Girlanden,
die sie dabei ziehen,
prägen sich fest ein
in einer jauchzend poetischen
Spurensicherung.

Zwei

Im Remstal, im Herbst

Welche der Farben folgt,
fragt der Kleiber, womit klebt

unsereins den rissigen Kosmos
wieder zu? So, sagt die Sonne,

darf man nicht fragen, sie sind
alle gleichzeitig da und dort

und uns allen ein Rätsel. Sagt's
und fällt aus allen Wolken.

Drei

in Playa d'Aro, Costa Brava

Wie
schon im
Vorjahr hockt
die riesige Schreimöwe,
häufig als Touristenmöwe geneckt,
auf dem dicken Ende der Fahnenstange vor dem Fenster.
Und nervt.

Vier

in Playa d'Aro

Tuckernd zieht ein Fischkutter
eine auf- und abschwingende Brautschleppe
aus Möwen
hinter sich

Was ist Trumpf 1

Schon die Vorstellung
von Herzlosigkeit
macht herzlos:

Stell dir vor,
die anvisierte Fliege
hätte ein Herz,
das, sobald du
klatschenbewehrt
nahst
auf einmal rast:
das Ärmste.

Und deine Klatsche
bliebe hängen
auf immer.

Was ist Trumpf 2

Schon die Vorstellung
von Herzlosigkeit
macht herzlos:

Stell dir vor,
die anvisierte Fliege
hätte ein Herz,
das, sobald du
klatschenbewehrt
nahst,
auf einmal rast:
das Ärmste,
winzige.

Und deine Herzklatsche
bliebe für immer
an ihr hängen.

Was ist Trumpf 3

Schon die Vorstellung
von Herzlosigkeit
macht herzlos:

Stell dir vor,
die anvisierte Fliege
hätte ein Herz,
das, sobald du
klatschenbewehrt
nahst,
auf einmal rast:
das Ärmste,
mickrige.

Und deine Klatsche
bliebe hängen
und würgen.

Was ist Trumpf 4

Schon die Vorstellung
von Herzlosigkeit
macht herzlos:

Stell dir vor,
die anvisierte Fliege
hätte eine Klatsche,
die, sobald
beherzt
du nahst,
auf einmal rast:
die Ärmste.

Und dein Herz
nähme ihren Platz ein
und klopfte
und klopfte.

Wer ist sie?

Sie steckt sich in meine Angelegenheiten.
Sogar Bären wurden mir darauf gebunden.
Ich habe sie manchmal gestrichen.
Den Wind lasse ich mir gern darum wehen.

Sie gefällt nicht jedem.
Ich drehe von Zeit zu Zeit eine.
Trage ich sie hoch, falle ich selbst herunter.
Höchst ungern lasse ich mich daran herum.

Sie hat eine Wurzel, kann sie aber nicht
schlagen, Flügel, aber sie läuft.
Für so manches habe ich sie.
Darauf tanze ich andern am liebsten.

Gern hätte ich sie immer vorn,
doch leider liegt sie im Denken zurück.
Nur fassen,
fassen kann ich mich daran nie.

INTERMEZZO III

Rufe. Mann am Fenster
Für Dieter Schlesak

Aufrufe geistern Leitungen lang:
satt bist du ihrer, längst ihnen
gewachsen über den Kopf.

Anrufe läßt du warten:
nur die Fremden lassen dich im Stich.
In Verruf bist du rasch geraten,

doch dem einen Ruf der Wildnis
folgst du: verwegen
beschattet, nach wie vor.

(Die Schreie deiner liebsten
unausgesprochenen Gewohnheiten,
wer vernimmt sie?) Du aber,

ausgewogen, klug positioniert,
was bleibt dir übrig? Sollst,
wenn Lichter auf der Stirn

sich brechen, du, wie vernommen,
dich abfinden, einfangen lassen,
„in zerrissenen Meinungen

untergehen"?

Krümmungen

Am Anfang beides

Es gab am Anfang ganz natürlich beides:
die Vorstellung, daß sie die Verruchtheit
einer Harpyie mit der blaßrosa Unschuld
einer Kirschblüte vereine; daß sie,
während der Planet durch das Weltall rast,
diese Raserei in sich aufnehmen und
gleichzeitig Gelassenheit ausstrahlen möge;
daß sie die Seltenheit einer Blauen
Mauritius besitzen und doch
in jedermanns Mund sein solle.

Wir maßen ihr eine Wichtigkeit bei,
neben der das Rote Telefon verblasste;
sie war unauffindbar wie eine Blackbox
in den Untiefen der Erinnerung sowie
unsere ständige Begleiterin: veilchenblau
äugig wachte sie über unserem Schlaf,
glutäugig versprühte sie ihre Versprechen
tagsüber. Vielbrüstig, wie sie war, ließ sie
uns der Reihe nach nuckeln oder auch
alle auf einmal; und wir waren nicht

einmal eifersüchtig, nur süchtig, süchtig
nach mehr von ihr. Sie war unsere tägliche
Droge und wir sind nicht mehr von ihr los
gekommen...

Aufbaum

Eldena-Strand, Greifswald 2000,
bei der Ruine des Zisterzienserklosters (1199)

Gegen die steifen Stöße der Brise
mit Schwung aus kreisender Hüfte
blitzt der Strahl - eine Auflehnung

vor sinkenden Schatten im freien
Fall der Vögel. Wie es aufspritzt!
Da ist der springende Punkt:

friß vögel oder stirb. Und werde.
Gleich im Anlaut *mein* Phall, ganz
der meine. Kein Reim jetzt:

kein noch so steifer Punktetanz.
Maddalena du mit deinen Megalithen
blickst versonnen dem nach was hier

ein sanfter Piß in die umlautlose Bo:
friß mich oder ich reim dir einen

Dichter Kolben

Unerkannt gehen, unversehrt,
o ihr Spötter, Sand zu sieben,
welch ein Glück!

Samtäugig begleitet von
einer vorläufigen Hündin,
kauert auf der Hintertreppe
der neueren Geschichte –
unser Lieblingstreppenwitz!

Schwingt, ihr Dichter, also
den Dichtkolben! Biß! Er glüht,
der Weideplatz ist eröffnet!

Ziellos fügt Zeile sich an Zeile,
Vers versus Vers,
versiert versus versehrt,
Vers subversus con Vers adversus

auf dem Versfuß folgt
ein Perversfuß!

Versus memoriales wie Versus
quadratus in circulus viciosus,
Verso wie Rekto gleich versatil,
(niemals aber rektal), infaust
exzitierend bis zum Exitus – so

kommt doch noch Schwung
in den Dichtbogen! Und
kaustischer Drang!

Es steht Aussage

Mach dich nicht lächerlich, Kriton:
Darauf kommt es wirklich nicht an,
Was du sagst, oder *wie* du es sagst:

Nach meinem Dafürhalten,
meines Erachtens,
nach meinem Ermessen,
meiner Meinung oder
meiner Ansicht nach,
oder sonst wie oder was;

Hauptsache, du sagst es
Selber.

Fiktus
(Kleine Einschmeichelung in die neuere Grammaphonik)

Ach, wäre er doch vorgeführt, andern
vorgehalten, völlig ungehalten
worden!

Ist dem aber
nicht so, all die Weil:

Gibt er mir ein Gefühl
auf der Haut. Als
Tröpfelte er.

Vorher auch schon
 - ungelogen! - ungelegen, dabei
aber nicht gekommen,

schlägt er, von haariger Beschaffenheit,
sich auf die Sonnenseite.
Meines Bretts vorm Auge Fenster.

Schießt nicht, nich' mal in die Höh'!
Breitet stattdessen friedlich
seine stachligen Haken,

ohne Ösen, hartnäckig in die weiche
Möse Zeitlosigkeit.

Er, mein Lieber, spottet
keiner Beschreibung.

Demnächst blüht ihm was.

Jahresrückwörterblick 2005

I   Fleischkanzlerin sub Heupapst
        Bundesgammelschrecken
        Sind wir optimal

II   Schreckenkanzlerin bundesoptimal
        Gammel sub Heu
        Wir Papst sind Fleisch

III   Gammelkanzler sub Papstschrecken
        In Bundesfleisch optimal
        Sind wir Heu

IV   Bundespapst sind Schrecken
        Wir Gammelsubkanzler
        In Optimalfleisch Heu

V   Optimalpapst
        Kanzlerheu sub Fleischgammel
        Wir Bundesschrecken sind in

Jung, aufgebracht und angeschlagen

Vor dem Hintergrund eines jungen, ungestümen
Gebirges, das zu Sprunghaftigkeit neigt & zu
jähen Kapriolen,

liegt ein aufgebrachtes Schiff,

schüttelt die Takelage,
schlägt wild um sich,

stößt wüste Beschimpfungen aus &
kann kaum an sich halten,

während an Deck der Hund
des Ersten Offiziers dick macht &
die Mastkur knarrend kläfft

Kernwarte

Nach dem Besuch einer neolithischen Schädelstätte

So lange sie brummten, zogen sie
Lange Gesichter, jetzt aber werfen

Sie Schatten, sehen sich zurück auf
Sich selber geworfen, auf die Schale,

Die harte, das Weiche darin musste
Weichen, dessen Ausgeburt – auch?

Verwunden die Wunden, überwunden
Die Trugschlüsse und Kehrtwendungen.

Keiner schwebt mehr in Gefahr.

Krümmungen

Der Wind hat sich gedreht, die Luft
ist außer sich, Tauben picken
nickend ins Gras.

Der Administrator fragt,
wohin die Reise geht. Die
Maulwürfe krebsen auf der

Stelle krebsen Maulhelden.
Die geht, die Reise; wohin,
fragt der Administrator.

Ins Gras nickend picken Tauben
sich. Außer ist Luft die, gedreht,
sich hat Windbeutel. Der?

Das poetische Ich, leicht angekratzt

Wollen Sie in Wolken sich wiegen,
Staren nachstarren?

Oder sind Ihnen *Starlets* lieber,
Die sich Ihnen – *persönlich!* –

Regelrecht und regelwidrig,
Auf jeden gereckten Phall: NACKT

Unter Ächzen und Lechzen
Winden in Windungen Ihres Hirns?

:

Eine feingeäderte Kurve, die an
Die PERFEKTE Rundung

Grenzt: die ein Star
Beschreibt!

(Der überm windigen Weinberg
Krummgelacht die Kurve kratzt).

Und mein poetisches Ich mit ihm.
Soweit es mir
       überhaupt
          folgt.

Momentaufnahme

Ioan Flora, dem Lyriker, zugeeignet

Bedenke: die Schichten unterschiedlich
weißen Papiers, durch die, verspannt,
überkandidelt, ich mich wühle.
Betäubt von einem *Himmel voller
Brüste**, in den ich bedenkenlos
gebissen hätte, aber.

Es regnet schon wieder *auf dem Balkan
meines Herzens**, meiner Eingeweide,
der Läuse meines Pelzes, des Flohs
im Ohr. Meine wilde ehe
malige Biografie pocht. In einer
stacheldrahtzahmen Muttersprache.

* *Zitate von Ioan Flora, 1950-2005*

Tschechows Futteral

Erdwärts trudelt, Purzelbäume reißend
Iwan Iwanytsch, anders als der
bei Tschechow aber
innen hohl,
ganz außer sich,
ganz Hülle, blinkt und wirft er
mit Signalen um sich,

kein wuselndes Wesen,
das draußen sein Unwesen treibt, eher
ein Unwesen, das angeblich lebt,
aber nicht atmet und niemals zweifelt,
ein in die Entropieabnahme vernarrtes,
mitten im Chaos völlig antichaotisches
Beweisstück, auch darin
seinem papiernen Vetter gar unähnlich.

Bis er der Schwerkraft verfällt
und sich kopflos stürzt
in ein glühendes Meer des Vergessens.
Während sein Vetter,
der wahre Iwan Iwanytsch,
vom Futteral befreit, weiterhin
weithin über unsern Köpfen kreist

Wortbrüchig

Brüchig ist das Wort, morsch,
in Teile zerfallen, zerbröselt
zu Teileteilchen, Buchstaben
zu Pulver, daß es stäubt.

Die Zungenleichtfertigen aber,
auf den Medienrummelplätzen
die Platzhirsche, sie nehmen
Alleskleber vor den Mund.

Und speien die Staubhüllen
des gebeutelten Wortes
mit spitzer Lippe, überaus
mundwerktätig, in die Nach-

und Zuschlagwerke zurück.

Worte, winterwärts

„Das Wort ist der Feldherr aller Menschenkraft"
Wladimir Majakowski, * 1894 in Bagdady,
Georgien)

Flüchtig fällt mein Leib hin, mein Klotz am Kopf,
     ein zerfetzter Keil aus Staren,
Dunstschleier, den die Dämmerung
     in die sich leerenden Täler treibt,
der Schwarm einer durchzechten Nacht;

flüchtig ein Leben, flüchtiger noch als ein Stich
     in die Magengrube nach dem Anblick
eines Gesichts das vor Zartheit zerfällt,
     flüchtiger als das Kräuseln
auf dem See an sprenkellichtem Ufer,
     wenn ein Blatt in den gläsernen
Wolken darüber sich spiegelt.

Der Kuß der Wolken mit dem Erdenrund aber
     ist ein Kuß, wenn mein Mund singt,
und ein Kuß zwischen Liebenden ist ein lied
     umspielter atemloser Falter
und mein immer unwirklicher spiegelndes Wort
     werden sie mir stehen lassen
müssen!

Zaghafte Zunge

Wie hätten Sie Ihre Zunge gern?
Flink, leicht, gekühlt –
oder schon verbrannt?

Ihre haftende Zunge, der angeblich
Alles anhängt, was ihr zugeschoben,
Ihren dampfenden Kloß,
den dicken Hund?

Haften Sie für das Verbrechen
ihrer Vorwitzigkeit – oder
sind Sie Ihrer Zunge voraus
als läge sie hinter Ihnen?

Meine haftet nicht.
Steht nicht gerade.
Meine mit tausend Verboten
belegte Zunge ist

– hörst du? –

ab sofort
unüberhörbar
Schnee.

EPILOG

Sätze, aufgegriffen

Versiegelt die Münder! Kurz darauf
versiegen die Gedanken. – Ein
doppelter Sieg!

Geschichte geschieht, laut Marx,
zweimal: das eine Mal als Tragödie,
dann als Farce. Wann
geht das Publikum?

In der Hölle ist der Teufel, sagt Lecz,
eine positive Gestalt. Welche
Entsprechung hat er auf der Erde?

Das erste Opfer des Krieges
ist die Wahrheit. Warum nur
fordert dies auch der Frieden?

Befreier befreien das Volk
von allem, was ihm gehört. – Was
tun eigentlich die Unterdrücker?

Nestroy sagt, die Phönizier
haben das Geld erfunden; warum
nur so wenig. Wenig, für wen?

Laut Marc Aurel befiehlt das Böse,
wer es, wenn er könnte, nicht verhindert.
Läßt sich das Gute ebenfalls anordnen?

Gilt die Aufschrift „Keine Vertreter, bitte!"
auch für Volksvertreter?

Talleyrand sagt, du sollst deinem Feind,
während du ihn hinters Licht führst,
geradewegs in die Augen schauen. Was aber,
wenn du dich dabei selber erblickst?

Worte, sagt Talleyrand, sind uns Menschen
gegeben worden, um unsere Gedanken
zu verschleiern. - Was nehmen wir nur,
um ihnen Ausdruck zu verleihen?

Kritikerstimmen

„Man sollte innehalten und sich diese Sätze ...auf der Zunge zergehen lassen, was ihr semantisches Aroma, ihr Bedeutungsraum, erst noch entfalten will. (...) Weil auch ein Rezensent (...) gern seinen Spaß hat und mit Lust zuschaut, wo die Wörter, wenn man sie nur läßt, sich fast wie von selbst neue Bedeutungen, neue Kontexte erspielen."
Dr. Franz Josef Görtz, Frankfurter Allgemeine Zeitung

„Hellmut Seilers Gedichte zeichnen sich durch große sprachliche Präzision, hohes Formbewusstsein, auch klanglicher Art, und ihren pointierten, teils scharfzüngigen Wortwitz aus, der sehr geschickt mit Ironie und manchmal auch mit Sarkasmus poetischen Mehrwert, poetische Mehrdeutigkeit gegen sprachliche Klischees auffährt. Auffällig in H. S.'s Gedichten ist auch sein Sinn, seine Vorliebe für das Skurrile, Groteske, Surreale, und es verwundert daher nicht, daß seine Gedichte immer wieder das Korsett von Kausalität, binärem Denken oder auch grammatischer Wohlgeformtheit durchbrechen (...)"
Jürgen Nendza, Aachener Nachrichten

Inhalt

Rache der Einrichtung

Krümmungen

Die Lyrikreihe des POP-Verlags

Poesie / poésie, Zeitgenössische Dichtung aus Frankreich und Deutschland
Erschienen 2004, ISBN 3-937139-00-1
RODICA DRAGHINCESCU, *Morgen und Abend*, 2., neu bearb.
und ergänzte Auflage, Erschienen 2004, ISBN 3-937139-01-X
IOAN FLORA, *Die Donau - leicht ansteigend*
Erschienen 2004 , ISBN 3-937139-04-4
PAPI, *Manchmal später.* Gedichte & Zeichnungen,
Erschienen 2005, ISBN 3-937139-10-9
NICHITA STANESCU, *Elf Elegien*
Erschienen 2005, ISBN 3-937139-06-0
MIRCEA M. POP, *Heiratsanzeige*
Erschienen 2005, ISBN 3-937139-15-X
ARMIN STEIGENBERGER, *gebrauchsanweisung für ein vaterland*
Erschienen 2006, ISBN 978-3-937139-21-4
CHANTAL DANJOU, *Blaues Land*
Erschienen 2006, ISBN 978-3-937139-19-2
EJE WINTER, liebesland
Erschienen 2006, ISBN 978-3-937139-23-0
VALÈRIE ROUZEAU, Nicht wiedersehen
Erschienen 2006, ISBN 978-3-937139-22-2
ULI ROTHFUSS, vom atmen der steine, Gedichte. Mit
sechs Zeichnungen von Frank Joachim Grossmann
Erschienen 2006, ISBN 978-3-937139-27-3
DIETER SCHLESAK, *Namen Los, Liebes- und Todesgedichte*
Erschienen 2007, ISBN 978-3-937139-30-3
INES HAGEMEYER, *Bewohnte Stille*
Erschienen 2007, ISBN 978-3-937139-31-3
HELLMUT SEILER, *An Verse geheftet.* 77 Gedichte und
Intermezzi samt einem Epilog
Erschienen 2007, ISBN 978-3-937139-32-X